# BEI GRIN MACHT SICH IHR WISSEN BEZAHLT

- Wir veröffentlichen Ihre Hausarbeit, Bachelor- und Masterarbeit

- Ihr eigenes eBook und Buch - weltweit in allen wichtigen Shops

- Verdienen Sie an jedem Verkauf

Jetzt bei www.GRIN.com hochladen und kostenlos publizieren

**Bibliografische Information der Deutschen Nationalbibliothek:**

Die Deutsche Bibliothek verzeichnet diese Publikation in der Deutschen Nationalbibliografie; detaillierte bibliografische Daten sind im Internet über http://dnb.d-nb.de/ abrufbar.

Dieses Werk sowie alle darin enthaltenen einzelnen Beiträge und Abbildungen sind urheberrechtlich geschützt. Jede Verwertung, die nicht ausdrücklich vom Urheberrechtsschutz zugelassen ist, bedarf der vorherigen Zustimmung des Verlages. Das gilt insbesondere für Vervielfältigungen, Bearbeitungen, Übersetzungen, Mikroverfilmungen, Auswertungen durch Datenbanken und für die Einspeicherung und Verarbeitung in elektronische Systeme. Alle Rechte, auch die des auszugsweisen Nachdrucks, der fotomechanischen Wiedergabe (einschließlich Mikrokopie) sowie der Auswertung durch Datenbanken oder ähnliche Einrichtungen, vorbehalten.

**Impressum:**

Copyright © 2018 GRIN Verlag
Druck und Bindung: Books on Demand GmbH, Norderstedt Germany
ISBN: 9783668914711

**Dieses Buch bei GRIN:**

https://www.grin.com/document/460903

**Noah Rümmele**

# Chinas neue Seidenstraße. Rollentausch im Welthandel

GRIN Verlag

**GRIN - Your knowledge has value**

Der GRIN Verlag publiziert seit 1998 wissenschaftliche Arbeiten von Studenten, Hochschullehrern und anderen Akademikern als eBook und gedrucktes Buch. Die Verlagswebsite www.grin.com ist die ideale Plattform zur Veröffentlichung von Hausarbeiten, Abschlussarbeiten, wissenschaftlichen Aufsätzen, Dissertationen und Fachbüchern.

**Besuchen Sie uns im Internet:**

http://www.grin.com/

http://www.facebook.com/grincom

http://www.twitter.com/grin_com

Internationale Kultur- und Wirtschaftsräume

# Chinas neue Seidenstraße - Rollentausch im Welthandel

Verfasser:
Noah Rümmele
Klasse 8ar
Schuljahr 2017/18

Dornbirn, Januar 2018
Bundesgymnasium Dornbirn

# Inhaltsverzeichnis

1. Einleitung — 3
2. Chinas neue Rolle in der Globalisierung — 4
3. Begriffsbestimmung „Seidenstraße" — 6
4. Was ist die neue Seidenstraße? — 6
5. Land- und Seeweg — 7
6. Finanzierung des Projekts — 8
7. Militärische Implikationen — 8
8. Gegenstimmen — 9
9. Chancen für die EU — 9
10. Chancen für Österreich — 10
11. Geopolitische Bedeutung der Seidenstraße im Hinblick auf den Rollentausch im Welthandel — 11
12. Fazit — 12
13. Reflexion — 12
14. Quellenverzeichnis — 13
15. Abbildungsverzeichnis — 14

# 1. Einleitung

Der Begriff „Die neue Seitenstraße" taucht seit einigen Jahren immer wieder in den Medien auf. Oft wird auch von einem Rollentausch im Welthandel gesprochen. Was dieser Rollentausch mit der neuen Seidenstraße zu tun hat, wird in dieser Arbeit behandelt.

Die neue Seidenstraße ist ein gewagtes Projekt der chinesischen Regierung, um neue Handelswege zu schaffen. Bei den geplanten Handelswegen gibt es jedoch noch viele offene Fragen, wie zum Beispiel die Frage der Finanzierung, welche im Kapitel sechs behandelt wird, oder die militärischen Implikationen des Projekts, welche im Kapitel sieben genauer beschrieben werden. Nichtsdestotrotz bringt ein solches Projekt auch viele Vorteile mit sich, welche in den Kapiteln neun und zehn dargestellt werden.

## 2. Chinas neue Rolle in der Globalisierung

Amerika spielt eine große Rolle im Rollentausch um den Welthandel. Durch die neue Regierung von Donald Trump wird nach dem Motto „America first" gearbeitet. Der Fokus liegt bei:

- der Stärkung des Militärs
- der Beendigung der illegalen Immigration
- der Wiederbelebung der amerikanischen Wirtschaft[1]

Kritikern zufolge wird die außenpolitische Position der USA durch die neu gesetzten Ziele eher geschwächt. Laut vieler Experten sollte das Motto „America first" eher auf „America third: China first and Russia second" umgetauft werden.[2] Die Abschottungsstrategie der USA wird von Wirtschaftsexperten mit einem Kopfschütteln hingenommen. Die Erhebung von Strafzöllen auf Waren aus Mexiko oder China ist sehr riskant und kann in einen weltweiten Handelskrieg münden, welcher die USA Millionen von Jobs kosten könnte.[3]

Die USA stellen mittlerweile die Idee des multilateralen Freihandels in Frage und schotten sich ab. In China ist genau das Gegenteil zu beobachten. Denn China weiß um die Wichtigkeit internationaler Handelsabkommen und versucht seit einiger Zeit die Wiederbelebung der Seidenstraße, einem Handelsweg zwischen Asien und Europa.[4]

In Deutschland ist die Haltung gegenüber dem Freihandel weitaus positiver gestimmt als in den USA. Sogar jeder zweite Deutsche ist davon überzeugt, dass sich dieser positiv auf die deutsche Industrie auswirkte.[5]

---

[1] Vgl. Hartmann, Wolf D./Maennig, Wolfgang/Wang, Run: Chinas neue Seidenstraße. Kooperation statt Isolation - Der Rollentausch im Welthandel. Frankfurt am Main 2017, S. 13.

[2] Vgl. ebd.

[3] Vgl. ebd. S. 15.

[4] Vgl. ebd. S. 14.

[5] Presseportal (Hrsg.): BDI-Präsident Kempf: Mehrheit der Deutschen sieht Vorteile des Freihandels für Industrie. 15.04.2017. https://www.presseportal.de/pm/6570/3613328 (Zugriff: 13.01.2018).

Die seit neuem veränderte Einstellung der USA und die aktuelle Schwächung der EU durch den Brexit befördern massiv die Pläne Chinas, im Weltwirtschaftsgeschehen mitzumischen. Als zweitstärkste Volkswirtschaft der Welt, Besitzer der höchsten Devisenreserven, Exportweltmeister und reichster Gläubiger der Vereinigten Staaten müsste das auch kein Problem sein.[6]

Seit März 2011 gilt der 13. Fünfjahresplan in China. Der Fokus des neuen Plans liegt auf:

- Umweltschutz
- Inflationsbekämpfung
- Stärkung des Inlandkonsums durch Wohlstandssteigerung[7]

Gleich am ersten Punkt der Aufzählung erkennt man die Unterschiede von der neuen Politik von China zu der ebenfalls neuen Politik von den USA. Laut Trump gibt es gar keinen Klimawandel und der Umweltschutz wird dadurch nicht sehr ernst genommen.[8] Die restlichen zwei Punkte gehen ebenfalls in eine andere Richtung als die den USA.

Am 11. Dezember 2001 wurde China in die World Trade Organization (WTO) aufgenommen, was die Strukturen der Weltwirtschaft prägte. Während der Jahre stieg der Einfluss Chinas auf die Weltwirtschaft stetig. Im Jahr 2017 spricht Chinas Präsident Xi das Problem der Strafzölle und Einfuhr- oder Exportbeschränkungen an. Er wünscht sich einen freien Welthandel, wobei er auf die Wiederbelebung der Seidenstraße hinaus will. Kurze Zeit später, nämlich im Mai 2017, lud China zu dem „Belt and Road Forum for International Cooperation" nach Peking ein. Es nahmen insgesamt 31 Regierungschefs teil und es wurden Pläne zur Verbindung Asiens, Afrikas und Europas auf Land und im Meer vorgestellt.[9]

---

[6] Vgl. Hartmann/Maennig/Wang, 2017, S. 17.

[7] AHK China (Hrsg.): China veröffentlicht 13. Fünfjahresplan (2016-2020). 23.03.2016. http://china.ahk.de/de/news/single-view/artikel/china-veroeffentlicht-13-fuenfjahresplan-2016-2020/?cHash=59d090a447b4ba77a7e27240d4f198ce (Zugriff: 13.01.2018).

[8] Stöcker, Christian: Das Schlimmste an Trump. 13.11.2016. http://www.spiegel.de/wissenschaft/natur/donald-trump-glaubt-nicht-an-den-klimawandel-und-das-hat-folgen-a-1120761.html (Zugriff: 13.01.2018).

[9] Vgl. Hartmann/Maennig/Wang, 2017, S. 20f.

## 3. Begriffsbestimmung „Seidenstraße"

Der Begriff „Seidenstraße" kommt noch von der Han-Dynastie und der Tang-Dynastie. Viele Chinesen hängen diesen Zeiten des boomenden Exports nach. Der damalige Handelsweg zwischen China und Europa wurde von den Chinesen dominiert und das alleine wegen deren Seidenprodukte. Die Herstellung der Seide war ein gehütetes Geheimnis der Chinesen und konnte somit nur von ihnen bezogen werden. Da der Stoff unter den Europäern sehr beliebt und angesehen war, wurde viel davon nach Europa verkauft. Daher kommt auch der Name. Der Handelsweg wurde schlicht und einfach von der chinesischen Seide dominiert. Neben der Seide wurde natürlich auch noch mit anderen Güter gehandelt.[10]

## 4. Was ist die neue Seidenstraße?

Die neue Seidenstraße wird international kurz OBOR genannt, was „One Belt, One Road" bedeutet. Das Ziel dieses chinesischen Projektes ist es, Asien und Europa über folgende Wege zu verbinden:

- Moderne Straßen
- Schifffahrtslinien
- Schienennetze
- Häfen
- Flughäfen
- Kommunikationsnetze
- Industriekorridore
- Energienetze

Das Projekt ist nicht nur eine großer Traum Chinas, denn wer sich ein wenig mit dem Thema befasst, dem wird schnell klar, dass es ein konkretes Vorhaben der chinesischen Regierung ist und tatsächlich umgesetzt wird.[11]

---

[10] Vgl. Hartmann/Maennig/Wang, 2017, S. 8.

[11] Ankenbrand, Hendrik: Chinas neue Seidenstraße. 27.12.2016. http://www.faz.net/aktuell/wirtschaft/handelswege-der-zukunft-chinas-neue-seidenstrasse-14593210.html (Zugriff: 18.01.2018).

Der friedliche Wettbewerb zum gegenseitigen Vorteil und kulturellen Austausch wird dabei oft in den Mittelpunkt gestellt. Von der Führung in Peking wird immer wieder von wechselseitigen Vorteilen, Wirtschaftswachstum und Aufschwung gesprochen. Der aktuelle chinesische Präsident Xi Jinping gilt als starker Verfechter der Globalisierung. Laut ihm gibt es bei einem Handelskrieg keinen Gewinner. Ein Handelskrieg wäre negativ für alle Beteiligten. Und spricht damit indirekt die USA an.[12]

## 5. Land- und Seeweg

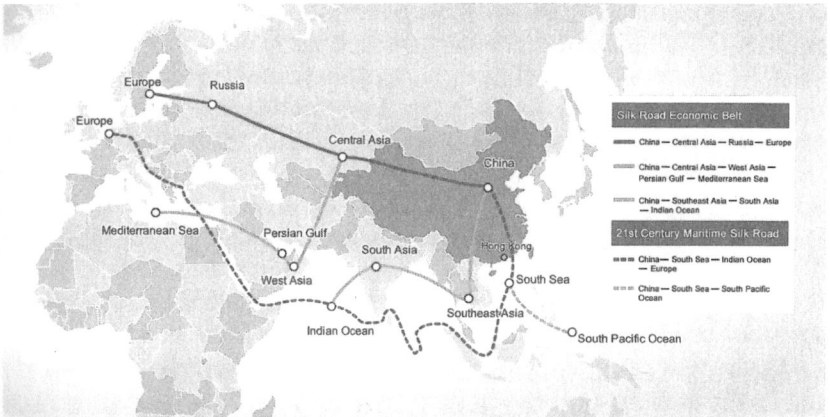

Abbildung 1: Land- und Seeweg

Wie man in der Abbildung 1 erkennen kann, handelt es sich bei der neuen Seidenstraße um zwei geplante Mega-Handelsrouten:
- Eine verläuft über den nördlichen Landweg vom Reich der Mitte über Zentralasien, den Iran, die Türkei und Moskau nach Europa und erstreckt sich von Peking bis nach Rotterdam. Diese Verbindung an Land soll durch Autobahnen und High-Speed-Züge ermöglicht werden.
- Die andere Route verläuft über den Seeweg ebenfalls von Peking über den indischen Ozean, durch den Suezkanal bis nach Europa. Auch die hierzu notwendige Infrastruktur soll massiv ausgebaut werden. Die Folgen wären gigantische Investitionen in neue Häfen und Werften.[13]

---

[12] Vgl. Hartmann/Maennig/Wang, 2017, S. 35.

[13] Vgl. ebd. S. 37.

# 6. Finanzierung des Projekts

Der Wert der chinesischen Währung Yuan gewinnt von Zeit zu Zeit an Bedeutung und spielt auch ein wichtiger Faktor bei der Finanzierung des Megaprojekts. Am 29. Dezember 2014 wurde in Peking der „Silk Road Fund" ins Leben gerufen und sogleich mit einem Startkapital von 10 Milliarden US-Dollar ausgestattet. Im Mai 2017 wurde dieser Fund um weitere 14,5 Milliarden US-Dollar aufgestockt und es ist eine Erhöhung auf 40 Milliarden geplant. Laut Schätzungen werden insgesamt mindestens 890 Milliarden US-Dollar für den Bau der neuen Seidenstraße benötigt.[14] Die tatsächliche Höhe der künftigen Investitionen ist allerdings ein gut gehütetes Geheimnis.[15] Chinas Währungsreserven belaufen sich auf unglaubliche 3,8 Billionen US-Dollar.[16]

# 7. Militärische Implikationen

Es ist unbestritten, dass der Ausbau, vor allem der maritimen Handelswege, nicht ohne sicherheitspolitische Implikationen bleibt. Durch das Sicherheitsbündnis von Japan und Taiwan mit den Vereinigten Staaten gibt es eine verstärkte Militärpräsenz der USA in den Gewässern um den Handelsweg. Ebenfalls herrscht schon seit einiger Zeit ein Streit zwischen China und Japan um die Öl- und Gasvorkommen im Meer. Da es zu vielen verschiedenen Auseinandersetzungen im Meer um die Handelsroute kommen kann, muss China die Marine Streitkräfte aufstocken.[17]

Die geplante Verbindung mit Kirgisistan, Tadschikistan, Turkmenistan, Usbekistan und dem Iran führt durch Länder, die geografisch viele Hindernisse aufweisen und deshalb bislang strukturell wenig erschlossen sind. Zudem haben diese Länder auch meist politische Probleme, weshalb sie für den Handel nicht ungefährlich sind. Sanktionen, wie jene von der EU gegen den Iran, können sich ebenfalls als Problem herausstellen.[18]

---

[14] Vgl. Hartmann/Maennig/Wang, 2017, S. 45f.

[15] Der Standard (Hrsg.): „Neue Seidenstraße": China winkt mit Milliarden. 14.05.2017. https://derstandard.at/2000057513562/Gipfel-zur-Neuen-Seidenstrasse-China-winkt-mit-Milliarden (Zugriff: 20.01.2018).

[16] Jilch, Nikolaus: China greift für neue Seidenstraße in die Reserven. 21.04.2015. https://diepresse.com/home/wirtschaft/international/4713884/China-greift-fuer-neue-Seidenstras-se-in-die-Reserven (Zugriff: 20.01.2018).

[17] Vgl. Hartmann/Maennig/Wang, 2017, S. 57.

[18] Vgl. ebd. S. 9.

## 8. Gegenstimmen

„Wer zahlt, hat das Sagen" — Das befürchten auch die Kritiker der neuen Seidenstraße. Und da China bereit ist, große Mengen an Geld zu investieren, wäre China das Land, welches zahlt und darum auch das Sagen hat. Kritische Stimmen gehen davon aus, dass China das Ganze nicht für wohltätige Zwecke macht, sondern um chinesische Interessen zu verfolgen. Die Frage, warum die Chinesen das machen und worum es ihnen wirklich geht, quält die Kritiker. Manch einer behauptet, dass es ganz einfach um den Anschluss an den weltgrößten Marktplatz Europa geht, um die überschüssige chinesische Ware schnell und mit möglichst wenig Abgaben und Aufwand an den Mann zu bringen.[19]

## 9. Chancen für die EU

Gerade in Zeiten großer Verunsicherung hinsichtlich der Zukunft im Freihandel und allgemein der Globalisierung ist es wichtig, über neue Formen der weltweiten Vernetzung statt Konfrontation nachzudenken. Die neue Seidenstraße ist ein perfektes Beispiel für die weitere Vernetzung der Welt und sollte deshalb vor allem von Europa geschätzt werden.[20]

Angela Merkel äusserte schon seit längerem explizit das Interesse Deutschlands an der neuen Seidenstraße. Deutschland wird das Projekt unterstützen und blickt in die Zukunft. Zudem verkündet die Bundesregierung auch noch, die weiteren Verhandlungen mit der EU zur Handels- und Investitionspolitik mit China zu beschleunigen. Laut der Bundesregierung könnte es sogar bis zu einem Freihandelsabkommen kommen.[21]

Jedoch fehlt es bisher immer noch an einer gemeinschaftlich abgestimmten Position und Reaktion auf das Projekt der Seidenstraße auf Seiten der EU.[22]

---

[19] Remme, Klaus: Chancen und Risiken der neuen Seidenstraße. 04.07.2015. http://www.-deutschlandfunk.de/china-chancen-und-risiken-der-neuen-seidenstrasse.799.de.html?dram:article_id=324511 (Zugriff: 24.01.2018).

[20] Vgl. Hartmann/Maennig/Wang, 2017, S. 151.

[21] Vgl. ebd. S. 149f.

[22] Vgl. ebd. S. 150.

Die neue Seidenstraße wird von den Chinesen wie gefolgt umworben:
- Das Projekt soll als keine Hilfs-, sondern als ein Entwicklungsprogramm zum gegenseitigen Vorteil gesehen werden. Dieses Entwicklungsprogramm dient nicht nur zur wirtschaftlichen Kooperation, sondern auch zur Entwicklung der kommunikativen und kulturellen Beziehungen.
- Bei der Initiative soll es vor allem um die Entwicklung von Schwellen- und Entwicklungsländer sowie um Investitionen in die Infrastruktur gehen, und das alles, ohne dass eine chinesische Vorherrschaft entsteht. Genau diese Vorherrschaft wird China jedoch vielfach in den Medien unterstellt.
- Die neue Seidenstraße zielt auf Marktoptionen und Entwicklungschancen ohne Eingriffe auf Seiten der Regierung. Angeblich sollen die neuen Handelswege insgesamt 4,4 Milliarden Menschen mehr Wohlstand bringen.

Durch die neue Seidenstraße würden sich zudem für die EU viele neue Wege der Kooperation mit China auftun. Durch die verstärkte Konnektivität könnte zum Beispiel ein Global Positionen System (GPS) unabhängig vom amerikanischen System geschaffen werden, was natürlich keine guten Nachrichten für die USA sind.[23]

# 10. Chancen für Österreich

Die geplanten Handelswege sollen nicht bis nach Österreich führen, doch trotzdem soll das Bruttoinlandsprodukt innerhalb kürzester Zeit um 0,03 Prozent also 128 Millionen Euro ansteigen. Der Grund dafür liegt an der erhöhten Nachfrage der ost- und südeuropäischen Länder, in welche China investiert und zu denen Österreich gute Handelsbeziehungen pflegt. Jedoch noch spannender als der kurzfristige Anstieg des BIP sind die mittelfristigen Einkommenssteigerungen in den Balkanländern. Die Steigerung des Wohlstands dieser Länder würde nämlich zu einem Anstieg der Nachfrage nach österreichischen Produkten führen. Um noch mehr von diesen Umständen zu profitieren, sollten die bereits bestehenden Handelsbeziehungen mit den Balkanstaaten weiterhin gepflegt und vertieft werden.[24]

---

[23] Vgl. Hartmann/Maennig/Wang, 2017, S. 152f.

[24] Bauer, Philipp: Wie Österreich von der neuen Seidenstraße profitieren soll. 21.02.2017. https://derstandard.at/2000052907447/Wie-Oesterreich-von-Chinas-neuer-Seidenstrasse-profitieren-soll (Zugriff: 25.01.2018).

# 11. Geopolitische Bedeutung der Seidenstraße im Hinblick auf den Rollentausch im Welthandel

China und Europa teilen schon seit längerer Zeit das Interesse an der Stabilität, weshalb sich das Projekt sehr gut ergibt. Da China jetzt auch noch Interesse an einem stabilen Umfeld für den europäischen Handelsaustausch zeigt, erscheint die Idee neuer Handelsbeziehungen als nicht sehr abwegig. [25]

Viele Wissenschaftler und Analysten sind davon überzeugt, dass sich das Zentrum des globalen Handels und zunehmend der Innovation weiter von Europa und den USA nach Asien und speziell nach China verschiebt. Eben dieser Rollentausch im Welthandel wird vielfach in den Medien und durch die Wissenschaft eher als Bedrohung, denn als Chance dargestellt. Der aktuelle Kurs Chinas schwächt die protektionistischen Absichten Donald Trumps stark ab, da China dadurch immer mehr an Bedeutung im Welthandel gewinnt.[26]

Die USA sind der größte Absatzmarkt für China und spielten in den letzten zwei Jahrzehnten eine sehr wichtige Rolle für den Aufstieg Chinas zur Weltmacht. Die Umsetzung angedrohter Strafzölle seitens USA würden die chinesische Wirtschaft erheblich schwächen. Dennoch ist das sehr unwahrscheinlich, da die USA ebenfalls finanziell stark von China abhängig sind. China und USA erscheinen als Rivalen, doch in Wirklichkeit sind sie aufeinander angewiesen wie nie zuvor.[27]

Für instabile Staaten wie beispielsweise Afghanistan, Pakistan, aber auch das ein oder andere zentralasiatische Land kann der Anschluss an die Seidenstraße von enormer Bedeutung sein. Natürlich ist es ein großes Risiko, in diese Länder zu investieren, doch dabei tun sich Chancen des wirtschaftlichen Aufbaus auf. „Waren statt Waffen" ist das Motto der Investitionen in diese Länder. Für die Länder entsteht somit die Möglichkeit, die dort produzierten Produkte leichter auf den Markt zu bringen.[28]

---

[25] Vgl. Hartmann/Maennig/Wang, 2017, S. 157f.
[26] Vgl. ebd. S. 159.
[27] Vgl. ebd. S. 160.
[28] Vgl. ebd. S. 162.

## 12. Fazit

Es ist klar, dass noch viel Aufklärungsbedarf erforderlich ist, um über die vielen Aspekte der neuen Seidenstraße ein allgemeineres Bild entstehen zu lassen. Es passiert gerade ein Wandel der Weltordnung. China wird in kürzester Zeit materiell und in Sachen Innovationen auf Augenhöhe mit den USA sein. Diese Verschiebung wird den Welthandel in der Zukunft deutlich prägen.

Und wenn man zurücksieht, wie weit China in kürzester Zeit gekommen ist, dann gibt es allen Grund zur Hoffnung, dass der Plan der neuen Seidenstraße aufgeht und sich somit neue Chancen in der Zukunft auftun werden.

## 13. Reflexion

Meinen 1. Beitrag zu den Portfolios 2017/2018 habe ich über die neue Seidenstraße verfasst. Zu den Informationen gelangte ich großteils durch ein Buch mit dem Titel „Chinas neue Seidenstraße" von Wolf D. Hartmann, Wolfgang Maennig und Run Wang. Zudem habe ich euch viele Informationen aus verschiedenen Nachrichtendiensten im Internet erhalten.

Das Thema habe ich im Zusammenhang mit dem Rollentausch in der Weltwirtschaft gewählt, weil wir diesen Wandel oft im Unterricht behandelt haben. Dadurch, dass ich mich jetzt intensiv mit dem Projekt beschäftigt habe, ist mein Interesse an der Entwicklung des Projekts stark gestiegen.

# 14. Quellenverzeichnis

AHK China (Hrsg.): China veröffentlicht 13. Fünfjahresplan (2016-2020). 23.03.2016. http://china.ahk.de/de/news/single-view/artikel/china-veroeffentlicht-13-fuenfjahresplan-2016-2020/?cHash=59d090a447b4ba77a7e27240d4f198ce (Zugriff: 13.01.2018).

Ankenbrand, Hendrik: Chinas neue Seidenstraße. 27.12.2016. http://www.faz.net/aktuell/wirtschaft/handelswege-der-zukunft-chinas-neue-seidenstrasse-14593210.html (Zugriff: 18.01.2018).

Bauer, Philipp: Wie Österreich von der neuen Seidenstraße profitieren soll. 21.02.2017. https://derstandard.at/2000052907447/Wie-Oesterreich-von-Chinas-neuer-Seidenstrasse-profitieren-soll (Zugriff: 25.01.2018).

Der Standard (Hrsg.): „Neue Seidenstraße": China winkt mit Milliarden. 14.05.2017. https://derstandard.at/2000057513562/Gipfel-zur-Neuen-Seidenstrasse-China-winkt-mit-Milliarden (Zugriff: 20.01.2018).

Hartmann, Wolf D./Maennig, Wolfgang/Wang, Run: Chinas neue Seidenstraße. Kooperation statt Isolation - Der Rollentausch im Welthandel. Frankfurt am Main 2017, S. 13.

Jilch, Nikolaus: China greift für neue Seidenstraße in die Reserven. 21.04.2015. https://diepresse.com/home/wirtschaft/international/4713884/China-greift-fuer-neue-Seidenstrasse-in-die-Reserven (Zugriff: 20.01.2018).

Presseportal (Hrsg.): BDI-Präsident Kempf: Mehrheit der Deutschen sieht Vorteile des Freihandels für Industrie. 15.04.2017. https://www.presseportal.de/pm/6570/3613328 (Zugriff: 13.01.2018).

Remme, Klaus: Chancen und Risiken der neuen Seidenstraße. 04.07.2015. http://www.deutschlandfunk.de/china-chancen-und-risiken-der-neuen-seidenstrasse.799.de.html?dram:article_id=324511 (Zugriff: 24.01.2018).

Stöcker, Christian: Das Schlimmste an Trump. 13.11.2016. http://www.spiegel.de/wissenschaft/natur/donald-trump-glaubt-nicht-an-den-klimawandel-und-das-hat-folgen-a-1120761.html (Zugriff: 13.01.2018).

## 15. Abbildungsverzeichnis

Abbildung 1: Land- und Seeweg................................................................... 7
In: Hartmann, Wolf D./Maennig, Wolfgang/Wang, Run: Chinas neue Seidenstraße. Kooperation statt Isolation - Der Rollentausch im Welthandel. Frankfurt am Main 2017, S. 37.

# BEI GRIN MACHT SICH IHR WISSEN BEZAHLT

- Wir veröffentlichen Ihre Hausarbeit, Bachelor- und Masterarbeit

- Ihr eigenes eBook und Buch - weltweit in allen wichtigen Shops

- Verdienen Sie an jedem Verkauf

**Jetzt bei www.GRIN.com hochladen und kostenlos publizieren**